一目刺しの刺し子のふきん

安蒜綾子

刺し子は防寒と布の補強を目的とした手仕事。
一方向に刺していく一目刺しは
刺すごとに布がしっかりしていき、
裏面も楽しめるのが特徴です。

この本では一目刺しの図案を30種類紹介しています。
昔からある伝統模様を刺すうちに、
自分でも新しい図案を考えるのに
どんどん夢中になりました。
その中でも刺してみてほしい図案を選んでいます。
使う糸の色で雰囲気が変わりますので、
お好きな色で楽しんでください。

刺し子を始めるきっかけになれたら…
刺し子を楽しむお手伝いとなったら嬉しいです。

ぬくもりある刺し子に触れて心豊かにすごせますように。

安蒜　綾子

目次

ダイヤモンド_p.4
リボン_p.5
りんご_p.6
きのこ_p.7
水芭蕉_p.8
北海道_p.9
リボンプラス_p.10
さかな_p.11
キューブ_p.12
ダンス_p.13
風車_p.14
紙風船_p.15
水玉_p.16
つるバラ_p.17
ボタン_p.18

キャンディ_p.19
時計_p.20
街並み_p.21
あさがお_p.22
すべり止め_p.23
バラ_p.24
なみなみ_p.25
編み目_p.26
蛇口_p.27
こけし_p.28
ホークス_p.29
パズル_p.30
モスク_p.31
柵_p.32
ハート_p.33

作ってみましょう_p.34
それぞれの図案の刺し方_p.42

ダイヤモンド

キラキラ光るダイヤモンドのように、華やかさがある図案になりました。
緑は自然に溶け込む色なので、カトラリーや雑貨とも相性がぴったりです。
刺し方 ∞ p.42

リボン

シンプルながらかわいいリボン柄。
包みごとプレゼントするのも喜ばれるでしょう。
色違いで何枚も刺したくなります。斜めの練習にぜひトライして。
刺し方 ◇ p.43

りんご

りんごがズラリと並んでいるような図案。
赤りんごと青りんご、色違いで刺すのも楽しいですね。
図案の規則性に慣れないうちは直接図案の線を書き込むのもいいですよ。
刺し方 ◇ p.44

きのこ

縦横斜めで立体感が生まれたお気に入りの図案です。
きのこをイメージして、茶色で刺しました。緑で刺せば森のようになります。
刺し方 ◇ p.45

水芭蕉

シンプルなラインに斜めを刺すことで水芭蕉の花を表現。
さらしは乾きが早いので、食器ふきにも向いています。台所も華やかに。
糸の色によって雰囲気の違いを楽しめる図案です。
刺し方 ◈ p.46

北海道

北海道出身の私にとって、大切な図案。
北海道が浮き上がってくる途中経過が楽しいです。広大な大地を表す緑がぴったり。
裏面はツバメのようでそちらも素敵。
刺し方 ∞ p.47

リボンプラス

リボンが広がる愛らしい図案。裏面は大きいリボンとなり、両面楽しむことができます。
プラスの部分を先に刺すことで裏面がきれいな仕上がりに。

刺し方 ∞ p.48

さかな

小さな魚の大群が泳いでいるような図案です。青い糸で魚を表現しました。
生きのいい魚を表すためにも隙間があかないように注意して。
刺し方 ◈ p.49

キューブ

四角を合わせて立体感があるこの図案は、教室でも刺してみたいと大人気。
2色のうち、どちらが上にくるかで雰囲気が変わります。色合わせを楽しんでください。
刺し方 ◈ p.50

ダンス

手をパタパタとしているような動きを感じるこの図案。見ていると楽しくなります。
かごの目隠しは、暮らしに取り入れやすい使い方です。
段染め糸でにぎやかになるよう刺しました。
刺し方 ∞ p.51

風車(かざぐるま)

四角を斜めにつなぐことで現れる風車。
動きのある図案でびっしり感がありますので、単色がおすすめです。
同じ図案に仕上がる裏の図案が省略されないよう注意して。

刺し方 ◇ p.52

紙風船

細かく斜めを入れているので手間のかかる図案です。
手毬にも見えるこの図案はカラフルな段染め糸でかわいらしく刺しました。
刺し方 ◈ p.53

水 玉

流れるように目の間をくぐった糸は、丸みが出てやさしい雰囲気になります。
段染め糸がぴったりです。くぐらせる段階で糸を足す場合は外枠に重ねてください。

刺し方 ◇ p.54

つるバラ

小さい花がつるのようにつながるこの図案、赤とピンクの段染め糸で刺しました。
四角を作ってから刺す図案は四角が肝心。引きつらないように気をつけて。
刺し方 ◈ p.55

ボタン

豚の鼻にも見えるこの図案。
シンプルながら、一度刺してみると色を変えて刺したくなること間違いなしです。
刺し方 ◇ p.56

キャンディ

ポップな色味でキャンディのようなキュートな一枚です。
段染め糸は色味の偏りを気にせず、成り行きに任せるのもいいですよ。
刺し方 ⊗ p.57

時 計

立体感が出て、刺し子の図案の可能性を感じました。
3時と9時を指しています。単色で刺すのもいいですね。
刺し方 ∞ p.58

街並み

北欧っぽい雰囲気になったでしょうか。さわやかな青で刺しました。
刺す分量が少ないので早く完成します。斜めがたるむと目立つ図案なので、しごき具合に注意して。

刺し方 ◎ p.59

あさがお

十字のまわりを刺すことにより、丸みを帯びたやさしい図案になりました。
朝顔を上から見たような形で、たくさんのお花が咲いているようです。

刺し方 ◈ p.60

すべり止め

斜めだけで構成された図案。
じーっと見ていると、お地蔵さんのように穏やかな顔にも見えてきます。
シンプルなので太めの糸で刺しました。

刺し方 ◈ p.61

バラ

花びらが折り重なるバラを表現できました。糸選びに迷ったら黒か赤がおすすめ。
黒と赤はラインが際立ち、どの図案にも合う色です。好きな色で自分のバラを咲かせてください。

刺し方 ∞ p.62

なみなみ

くぐらせる図案は糸が全面に出るので、糸の美しさが生かされます。
太めの刺し子糸がおすすめ。程よい糸のたるみを持たせることで、縮みを防止し図案のやわらかさが出ます。
刺し方 ◇ p.63

編み目

洋館に使われそうなこまやかな図案。段染め糸で華やかに刺しました。
水芭蕉とは表裏の関係です。
刺し方 ⊗ p.64

蛇 口

蛇口を上から見たような図案になりました。
縦横のシンプルな線に斜めを加えると洋風な図案になるように思います。
水まわりには清潔感のある青い糸で。

刺し方 ⋈ p.65

こけし

何に見えるか考えるのが楽しい図案です。
逆さまにしたり横にしたり、自分の好きな目線で楽しんでください。
図案がはっきりとわかる単色がおすすめです。

刺し方 ⊗ p.66

ホークス

鷹のように鋭いクチバシを持つ鳥の横顔に見えますか？
濃いめの段染め糸がぴったりです。
刺し方 ◈ p.67

パズル

複雑な凹凸がパズルのよう。
難しく見えますが、刺していくと完成していくのが実感できる楽しい図案です。
刺し方 ∞ p.68

モスク

細かさに圧倒されますが難易度は高くはありません。こまやかさを表すために手縫い糸で刺しました。
手縫い糸で刺すときは図案の途中で3目重ねると目立つので、外枠に裏面だけ3目重ねるときれいにできます。

刺し方 ⊗ p.69

柵

使う色で雰囲気が大きく変わります。
海の近くにあるおうちの柵をイメージした色で刺しました。単色で刺すのもいいですね。
細かく刺していくので布がしっかりとします。
刺し方 ∞ p.70

ハート

ハートがたくさんの図案ができました。
ハートをイメージしたので赤で刺しましたが、どんな色も合いそうです。
刺し方 ◈ p.71

作ってみましょう

用意するもの

糸
基本的には刺し子専用の木綿糸を使用します。単色や段染めなど、いろいろな種類があります。細かい模様には、刺し子専用の糸ではなく太めの手縫い糸を使用しました。

a 刺し子糸　370ｍ／小鳥屋
b 刺し子糸　120ｍ／染織アトリエKazu
c 刺し子糸　145ｍ／飛騨さしこ
d 刺し子糸　145ｍ／コロン製絲
e 刺し子糸　85ｍ／ホビーラホビーレ
f ダルマ家庭糸＜太口＞100ｍ／横田
どの糸も1本どりで刺します。

さらし
さらし一反（約10ｍ）で1000円程度のものが、厚み、目の詰まり具合がちょうどいいです。ビニール袋の上からよく見ると、青白い・白い・生成りなど微妙な差があるので好きな色味のものを選んでください。

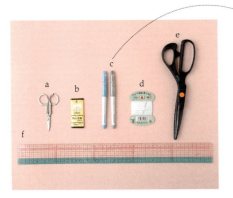

基本の用具
a 糸切りバサミ　糸を切るときに。
b 刺し子針　穴が比較的大きい刺し子専用の針を使います。好みの長さの針を使いましょう。
c フリクションカラーズ　温度が60度以上になると色が消えるペン。作品が完成したらアイロンで消します。ペン先はサインペンタイプを選んでください。ボールペンタイプだと、さらしにペン先が引っかかってしまいます。※必ずさらしの端などで一度試し書きをして、アイロンで消えるか確認してから作品づくりに使用してください。アイロンで消えなかった場合は、チャコペンを使ってください。
d 手縫い糸　さらしの布端を縫うときに。
e 布切りバサミ　さらしを切るときに。
f 50cm定規　さらしの幅以上あるものを用意。厚みのある定規は、点を打つときにずれが生じるので避けること。

さらしの下準備と線の引き方

1 袋から出して広げ、一番上の1枚を半分にたたみます。

2 斜めにたたんで正方形になることと、右に1cm以上の余白があることを確認します。

3 もう一度広げて、右のわをカットします。

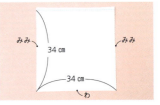

4 さらしの幅34cmに合わせて縫い代の線を引きます（さらしの幅に合わせて正方形になるように線を引いてください）。

5 縫い代側を端から端まで縫います。玉結びをした手縫い糸で、返し縫いでスタートします。まずは右端2cmを縫い、糸を引きます。

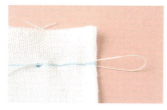

6 みみの端に糸のわがくるように返し縫いします。

7 こうすることで、みみの端が押さえられ、完成したときに広がりません。

8 左端も同様に返し縫いし、玉どめをしてカットします。

9 縫い代が1cmになるようにさらしをカットします。

10 アイロンで縫い代を倒し、表に返してアイロンをかけます。アイロンは横方向にかけるとさらしが伸びてしまうので、縦方向にかけます。

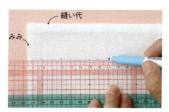

11 縦線を引いていきます。上端から約5cmの位置に印をつけます。両端は1.5cm程度の余白にし、1cmごとに点を打ちます。点を打つ位置が重要なので、正確に打ちましょう。さらしの幅は商品によってまちまちですが、内側の印は必ず1cmごとに打ってください。

12 下端から約5cmの位置にも印をつけます。

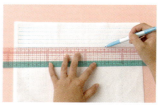

13 点と点を結んで縦線を引きます。定規をしっかり持ち、ペンには力を入れないようにしてください（ペンに力が入ると、さらしが伸びてしまいます）。

14 縦線がすべて引けました。

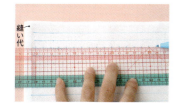

15 横線を引いていきます。上端から約5cmと、下端から約5cmの位置の縦線に点を打ちます。両端は1.5cm程度の余白にし、1cmごとに点を打ちます。

16 点と点を結んで横線を引きます。

17 下の方は定規とさらしの段差ができて線が引きにくくなるので、布の上下を反対にして引きます。

18 横線がすべて引けました。

糸を用意する

34ページのfの場合はそのままお使いください。

1 ラベルをはずし、かせのねじりがある場合はねじりをほどきます。

2 両手で引っぱってほぐし、糸のねじりやくっつきをほどきます。

3 結んである糸の始まりと終わりの部分をほどき、ペン（キャップではないほう）に巻いていきます。このとき、両ひざにかけて巻くとやりやすいです。

4 途中から角度を変えて斜めに巻き、きれいな球形になるように巻きます。

5 持ちやすい大きさになったらペンをはずし、手だけで巻いていきます。少しずつ方向を変えてきれいな球形になるようにします。

6 巻き終わりました。

リボンを刺してみましょう

ふきんを一枚刺す流れを、5ページのリボンで紹介します。いろいろなポイントを説明したいので、ここでは外枠を二重にしています。

1 糸は約3mにカット。糸端は玉結びしないで、1mを二重に重ねます（長すぎて扱いにくい場合は、好きな長さでカットして）。

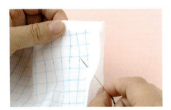

2 右角の3目下から、2枚のさらしの間に針を入れます。

3 糸端が1cm出るくらいまで糸を引きます。

4 2枚のさらしがずれないように合わせて、0.5cmの針目で角まで刺します。

5 糸を最後まで引き、左手の親指（表側）と人さし指（裏側）の指の腹で最初の目からていねいに糸をしごきます。

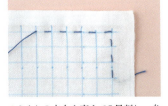

6 さらしの方向を変えて5目刺し、糸を最後まで引きます。このとき、あまりギュッと引かないように、角がつれないように注意してください。

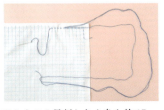

7 さらに5目刺したら糸を約15cmだけ引きます。

8 同様に5目刺して糸を約15cm引くのを繰り返して角まで進みます。

※この刺し方をすると、糸がさらしの中を通る回数が減り、糸がやせたり割れたりしにくいです。

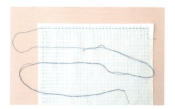  

9 糸を最後まで引き、しごきます。

10 外枠を一周したら、同じ穴に糸を割らないように3目刺し重ねます。

11 裏に糸を引きます。

* 次の段への進み方

〈みみの場合〉

12 枠内を0.5cmの針目で"1辺の最初の5目は最後まで糸を引き、あとは5目刺して糸を約15cm引くを繰り返す"の刺し方で端まで刺したら、さらしの間に針を入れ、次の段の端の表に針を出します。

〈わの場合〉 ※写真はリボンの④（P43）で斜めを刺す工程になります。

さらしの間に針を通して次の段に針を出します。裏には針目が出ません。

* 刺し終わり方・糸の足し方

13 糸がなくなってきたら裏に糸を引いて刺し終えます。

〈基本〉

次の糸を約3m用意し、前の糸の最後の3目の同じ穴に、糸を割らないように刺し重ねます。

表は3目重なります。

裏は2目重なります。

〈基本〉

〈応用〉

※糸は重ねて刺すことでとめたことにします。ほどけないかと心配かもしれませんが、洗って乾かしてから糸の処理をすることで、さらしと糸がなじみますので大丈夫です。
色が混ざって欲しくない段染め糸や細い糸の場合は〈応用〉の足し方がおすすめです。太い糸は重ねた部分が目立たないので〈基本〉の足し方で大丈夫です。

〈応用〉

裏側のさらし1枚だけをすくって刺します。

表は重なりません。

裏は3目重なります。

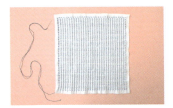   

14 横方向がすべて刺せました。

15 斜め方向を刺します。1辺を刺したら、刺した斜めの線から1cmずらしたところを折り、布が伸びないように指の腹で糸をしごきます。

16 しごきました。

角と角を引っぱると、このようにさらしが伸び、完成したときに糸が浮いてしまいます。必ず15のようにしごいてください。

※ 斜めの図案の場合、一方向に刺した段階ではさらし全体にゆがみが出て、正方形ではなくなりますが、全部刺せばきれいな状態になるのでご安心ください。

* きれいに刺すコツ

すでに刺してある部分と同じ穴に刺すと、きれいに模様が出ます。

針を出すところがずれると、微妙に図案がきれいに出ません。リボンがZのようになってしまいました。

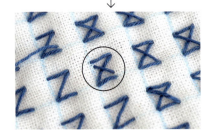

17 斜め方向がすべて刺せました。

ここまでで通常は完成です（近くの目に3目重ねて糸をカットします）。**22**に進みます。
風車(14ページ)、つるバラ(17ページ)、なみなみ(25ページ)のように外枠を二重に仕上げるには**18**へ進みます。

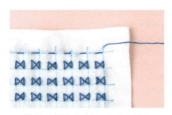
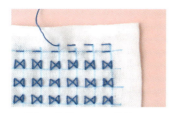

18 外側の外枠を刺します。最初に刺した外枠の0.5cm外側に針を出します。

19 最初の外枠の0.5cm外側を、0.5cmの針目で刺していきます。

20 角まで刺したら、布の方向を変えて刺していきます。

21 外側の外枠が刺せました。近くの目に3目重ねて糸をカットします。

22 アイロンをかけ、線を消します。おしゃれ着用洗剤で手で押し洗いをし、ネットに入れて洗濯機で脱水し、ハンガーにかけて陰干しします。8～9割乾いたら取り込み、アイロンをかけます。

23 糸端を処理します。1～2mm残してカットします。

24 スチームアイロンをかけて完成です。

＊くぐらせる図案について

〈くぐらせ方〉

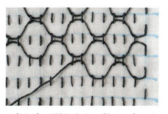

1 布と糸の間に針をくぐらせます。このくらいすくいます。

2 針を少しだけ引き、さらに針を入れます。

3 糸を全て引きます。程よい糸のたるみを持たせることで、縮みを防止し、模様がきれいに出ます。

〈糸の足し方〉　くぐらせている途中では糸は足しません。

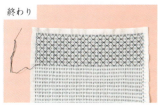

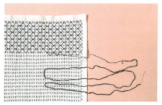

1 次の段を通す糸が足りなさそうだったら、端で外枠に重ねます。

2 外枠に3目重ねてカットします。

1 終わらせたところの反対側の外枠に3目重ねて始めます。

2 続けて進めていきます。

表紙の作品について

表紙の作品は縦5模様×横5模様の25模様を刺しています。
刺した模様と糸をご紹介します。

さかな 小鳥屋 23	編み目 Kazu	あさがお 小鳥屋 11	蛇口 小鳥屋 7	ホークス Kazu
紙風船 小鳥屋 18	リボンプラス 小鳥屋 16	ボタン Kazu	きのこ 小鳥屋 19	バラ 小鳥屋 20
水芭蕉 Kazu	ダイヤモンド 小鳥屋 22	時計 小鳥屋 2	北海道 小鳥屋 8	モスク 小鳥屋 17
風車 小鳥屋 11	ハート Kazu	りんご 小鳥屋 24	キューブ 小鳥屋 14、18	街並み 小鳥屋 2
ダンス 飛騨さしこ 202	こけし コロン 26	リボン 小鳥屋 23	柵 小鳥屋 4	パズル 小鳥屋 21

模様と色の組み合わせによって、ガラリと印象が変わりますので、お好きな模様、お好きな配置で楽しんでください。配置のコツは、細かい図案はさらしが突っぱりやすいので、バランスよく分散させることです。大変ですが、完成したら宝物になりますので、地道にちくちく楽しんでください。

※Kazuの糸には色番号がありませんので表記していません。

表紙の作品を刺してみましょう

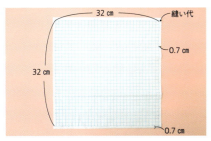

1 上下左右の余白が均等になるように、32cm方眼（1マス1cm）の線を引く。

2 上の縫い代を押さえたいので、上段から刺していきます。右端のホークスの外枠を、0.5cmの針目で刺します。

3 模様を刺します。

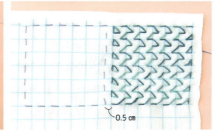

4 次に、左隣の蛇口を刺します。ホークスの枠から0.5cm余白をとり、0.5cmの針目で6cm四方の枠を刺します。

5 蛇口が刺せました。

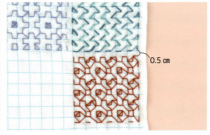

6 続けて上段の右から左の順で刺し、2段めは右端のバラから刺します。同様に段ごとに右から左の順で刺して完成です。

ダイヤモンド

4ページ

糸：小鳥屋　緑（11）

＊方眼の1マスは全て1cm

（表）　　　　　（裏）
みみ　　みみ

 右上角の3目下から外枠を一周してから枠内を刺します
右から左へ刺していき、横方向を刺し終えたら
縦方向へ刺していきます

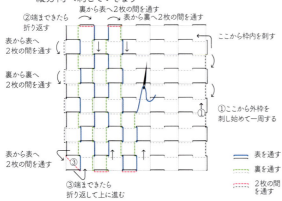

②端まできたら折り返す
裏から表へ2枚の間を通す　表から裏へ2枚の間を通す
表から表へ2枚の間を通す
裏から裏へ2枚の間を通す
ここから枠内を刺す
①ここから外枠を刺し始めて一周する
表から表へ2枚の間を通す
③端まできたら折り返して上に進む
表を通す　裏を通す　2枚の間を通す

 角まできたら対角に向かって斜めに進みます

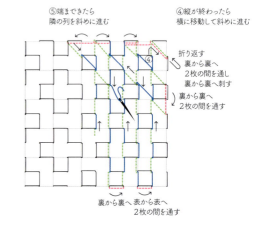

⑤端まできたら隣の列を斜めに進む
④縦が終わったら横に移動して斜めに進む
折り返す
裏から裏へ2枚の間を通し裏から裏へ刺す
裏から裏へ2枚の間を通す
裏から裏へ　表から表へ2枚の間を通す

 角まできたら折り返して進むを繰り返します
一方向を刺し終えたら外枠に重ねてとめます

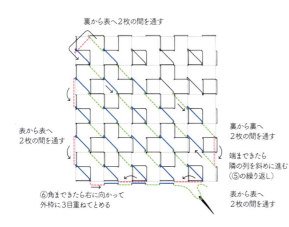

裏から表へ2枚の間を通す
表から表へ2枚の間を通す
裏から裏へ2枚の間を通す
端まできたら隣の列を斜めに進む（⑤の繰り返し）
⑥角まできたら右に向かって外枠に3目重ねてとめる
表から表へ2枚の間を通す

 左上角から斜めに刺していきます
全ての斜めを刺し終えたら完成です

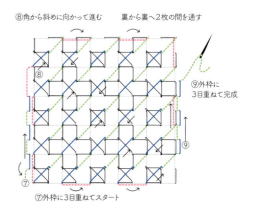

⑧角から斜めに向かって進む　裏から裏へ2枚の間を通す
⑨外枠に3目重ねて完成
⑦外枠に3目重ねてスタート

リボン

5ページ

糸：ホビーラホビーレ　アクアブルー（119）

＊方眼の1マスは全て1cm

（表） みみ

（裏） みみ

① ※完成写真に対して右に90度回転した状態で刺します
右上角の3目下から外枠を一周してから枠内を刺します
右から左へ刺していき、端まできたら折り返します

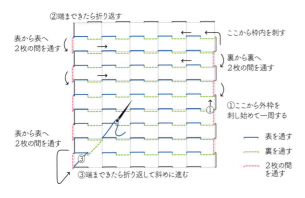

② 角まできたら対角に向かって斜めに進みます

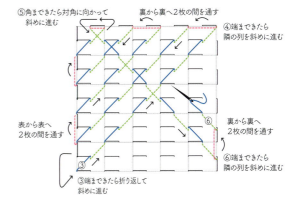

③ 角まできたら折り返して進むを繰り返します

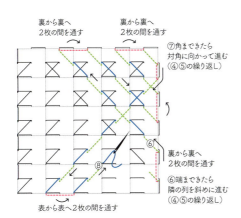

④ 全ての斜めを刺し終えたら完成です

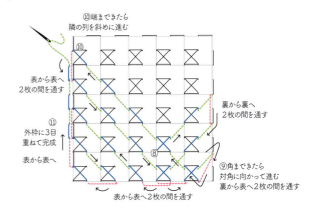

りんご

6ページ

糸：飛騨さしこ　ピンク（47）

＊方眼の1マスは全て1cm

（表）　みみ

（裏）　みみ

 ※完成写真に対して右に90度回転した状態で刺します
右上角の3目下から外枠を一周してから枠内を刺します
右から左へ刺していき、横方向を刺し終えたら
縦方向へ刺していきます

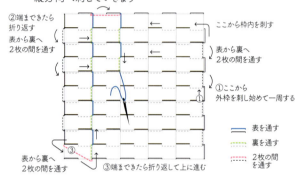

 縦方向を刺し終えたら斜め方向を刺します

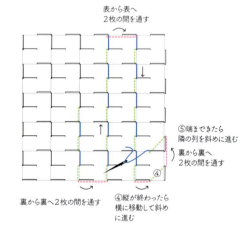

 端までできたら折り返して進むを繰り返します
一方向を刺し終えたら枠に重ねてとめます

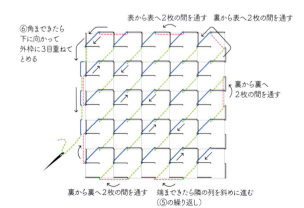

 左下角から斜めに刺していきます
全ての斜めを刺し終えたら完成です

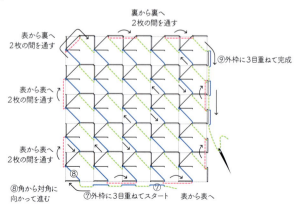

きのこ

7ページ

糸：小鳥屋　エンジ（6）

＊方眼の1マスは全て1cm

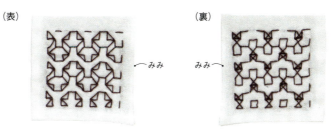

右上角の3目下から外枠を一周してから枠内を刺します
右から左へ刺していき、横方向を刺し終えたら
縦方向へ刺していきます

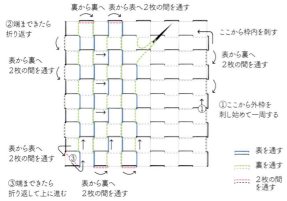

角まできたら対角に向かって斜めに進みます

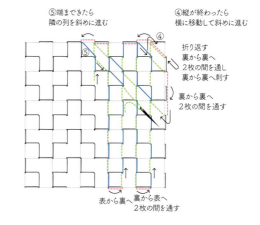

角まできたら折り返して進むを繰り返します
一方向を刺し終えたら外枠に重ねてとめます

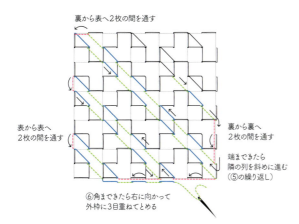

左上角から斜めに刺していきます
全ての斜めを刺し終えたら完成です

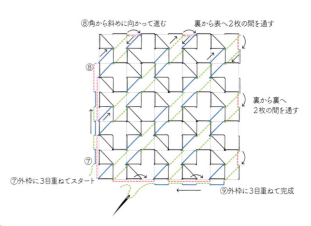

水芭蕉

8ページ

糸：Kazu　紫黒系

＊方眼の1マスは全て1cm

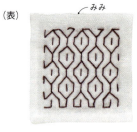
（表）　みみ

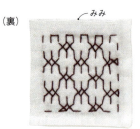
（裏）　みみ

①

※完成写真に対して右に90度回転した状態で刺します
右上角の3目下から外枠を一周してから枠内を刺します
右から左へ刺していき、端まできたら折り返します

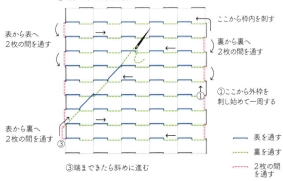

②端まできたら折り返す
ここから枠内を刺す
表から表へ2枚の間を通す
裏から裏へ2枚の間を通す
①ここから外枠を刺し始めて一周する
表から裏へ2枚の間を通す
③端まできたら斜めに進む

- 表を通す
- 裏を通す
- 2枚の間を通す

②

角まできたら対角に向かって斜めに進みます

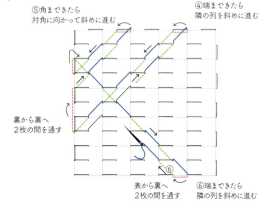

⑤角まできたら対角に向かって斜めに進む
④端まできたら隣の列を斜めに進む
裏から表へ2枚の間を通す
表から裏へ2枚の間を通す
⑥端まできたら隣の列を斜めに進む

③

角まできたら折り返して進むを繰り返します

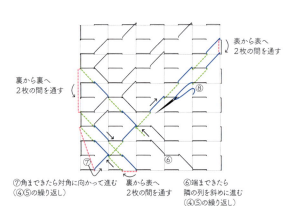

表から表へ2枚の間を通す
裏から裏へ2枚の間を通す
⑦角まできたら対角に向かって進む（④⑤の繰り返し）
裏から表へ2枚の間を通す
⑥端まできたら隣の列を斜めに進む（④⑤の繰り返し）

④

全ての斜めを刺し終えたら完成です

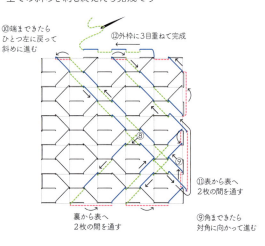

⑩端まできたらひとつ左に戻って斜めに進む
⑫外枠に3目重ねて完成
⑪表から表へ2枚の間を通す
⑨角まできたら対角に向かって進む
裏から表へ2枚の間を通す

北海道

9ページ

糸：小鳥屋　若竹（8）

＊方眼の1マスは全て1cm

(表) みみ

(裏) みみ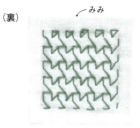

 ※完成写真に対して右に90度回転した状態で刺します
右上角の3目下から外枠を一周してから枠内を刺します
右から左へ刺していき、横方向を刺し終えたら
縦方向へ刺していきます

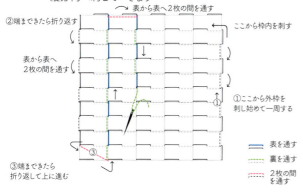

②端までできたら折り返す
表から表へ2枚の間を通す
ここから枠内を刺す
①ここから外枠を刺し始めて一周する
③端までできたら折り返して上に進む

表を通す（青実線）
裏を通す（緑破線）
2枚の間を通す（ピンク破線）

 角までできたら対角に向かって斜めに進みます

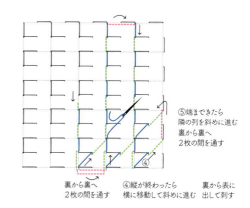

⑤端までできたら隣の列を斜めに進む
裏から裏へ2枚の間を通す
④縦が終わったら横に移動して斜めに進む
裏から表に出して刺す

 角までできたら折り返して進むを繰り返します
一方向を刺し終えたら外枠に重ねてとめます

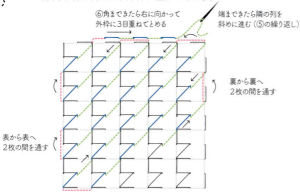

⑥角までできたら右に向かって外枠に3目重ねてとめる
端までできたら隣の列を斜めに進む（⑤の繰り返し）
裏から裏へ2枚の間を通す
表から表へ2枚の間を通す

 左下角から斜めに刺していきます
全ての斜めを刺し終えたら完成です

裏から表へ2枚の間を通す
⑨外枠に3目重ねて完成
裏から裏へ2枚の間を通す
⑧角から斜めに向かって進む
⑦外枠に3目重ねてスタート

リボンプラス

10ページ

糸：小鳥屋　ピンク（18）

＊方眼の1マスは全て1cm

（表）　　みみ

（裏）　　みみ
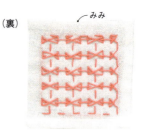

※完成写真に対して右に90度回転した状態で刺します
右上角の3目下から外枠を一周してから枠内を刺します
右から左へ刺していき、端まできたら折り返します
その後、縦方向に進み「プラス」部分を刺します

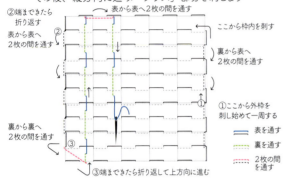

②端まできたら折り返す
表から表へ2枚の間を通す
表から表へ2枚の間を通す
ここから枠内を刺す
裏から表へ2枚の間を通す
①ここから外枠を刺し始めて一周する
裏から裏へ2枚の間を通す
③端まできたら折り返して上方向に進む

― 表を通す
― 裏を通す
― 2枚の間を通す

「プラス」部分を刺し終え、端まできたら斜めに進みます

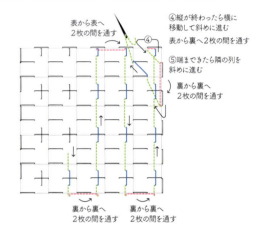

表から表へ2枚の間を通す
④縦が終わったら横に移動して斜めに進む
表から裏へ2枚の間を通す
⑤端まできたら隣の列を斜めに進む
裏から裏へ2枚の間を通す
裏から裏へ2枚の間を通す
裏から裏へ2枚の間を通す

角までできたら折り返して進むを繰り返します

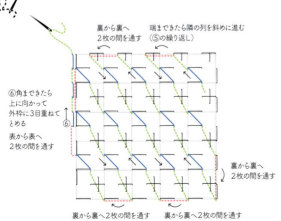

裏から裏へ2枚の間を通す
端まできたら隣の列を斜めに進む（⑤の繰り返し）
⑥角までできたら上に向かって外枠に3目重ねてとめる
表から表へ2枚の間を通す
裏から裏へ2枚の間を通す
裏から裏へ2枚の間を通す
裏から裏へ2枚の間を通す

右下角から斜めに刺していきます
全ての斜めを刺し終えたら完成です

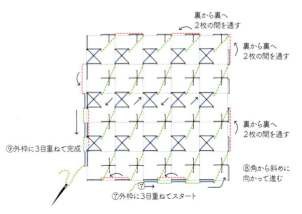

裏から裏へ2枚の間を通す
裏から裏へ2枚の間を通す
裏から裏へ2枚の間を通す
⑨外枠に3目重ねて完成
⑧角から斜めに向かって進む
⑦外枠に3目重ねてスタート

さかな
11ページ

糸：小鳥屋　水色（16）
＊方眼の1マスは全て1cm

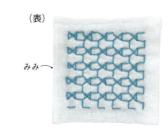（表）

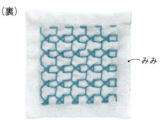（裏）

※完成写真に対して右に180度回転した状態で刺します
右上角の3目下から外枠を一周してから枠内を刺します
右から左へ刺していき、横方向を刺し終えたら
縦方向へ刺していきます

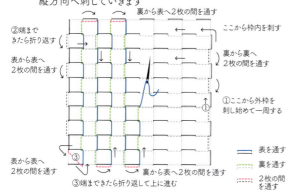

角まできたら対角に向かって斜めに進みます

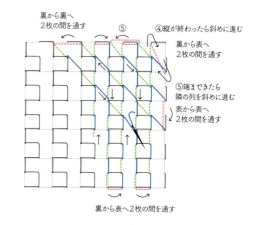

角まできたら折り返して進むを繰り返します
一方向を刺し終えたら外枠に重ねてとめます

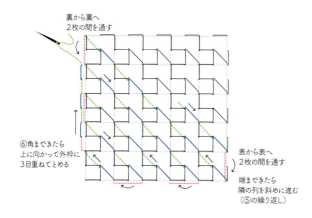

右下角から斜めに刺していきます
全ての斜めを刺し終えたら完成です

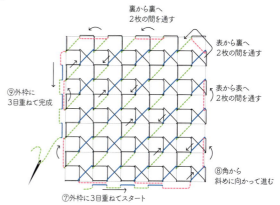

キューブ

12ページ

糸：小鳥屋　紺（2）、緑（11）

＊方眼の1マスは全て1cm

（表）

（裏）

みみ

①

紺の糸で右上角の4目下から外枠を一周してから枠内を刺します
右上角から対角に向かって斜めに進みます

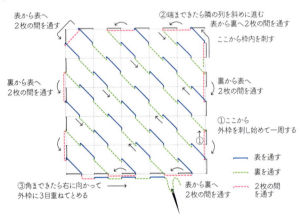

表から表へ
2枚の間を通す

②端まできたら隣の列を斜めに進む
表から裏へ2枚の間を通す

ここから枠内を刺す

裏から表へ
2枚の間を通す

裏から表へ
2枚の間を通す

①ここから
外枠を刺し始めて一周する

③角まできたら右に向かって
外枠に3目重ねてとめる

表から裏へ
2枚の間を通す

— 表を通す
--- 裏を通す
--- 2枚の間を通す

②

角まできたら折り返して進むを繰り返し、
1つめの四角を完成させます
刺し終えたら外枠に重ねてとめます

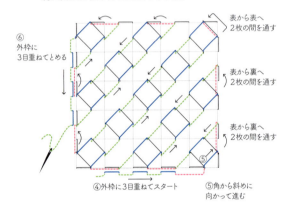

⑥外枠に3目重ねてとめる

表から表へ
2枚の間を通す

表から表へ
2枚の間を通す

表から表へ
2枚の間を通す

④外枠に3目重ねてスタート
⑤角から斜めに向かって進む

③

緑の糸にかえ、色が混ざらないように、糸は枠内で重ねて刺します
角まできたら折り返して進むを繰り返し、2つめの四角を作ります

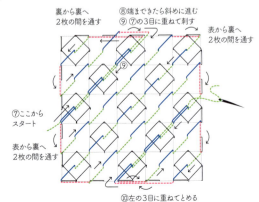

裏から裏へ
2枚の間を通す

⑧端まできたら斜めに進む
⑨⑦の3目に重ねて刺す

表から表へ
2枚の間を通す

⑦ここから
スタート

表から裏へ
2枚の間を通す

⑩左の3目に重ねてとめる

④

角まできたら折り返して進むを繰り返して、
2つ目の四角を完成させます　色が混ざらないように、
糸は枠内で重ねます　全ての斜めを刺し終えたら完成です

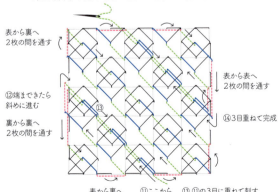

表から裏へ
2枚の間を通す

表から表へ
2枚の間を通す

⑫端まできたら
斜めに進む

裏から裏へ
2枚の間を通す

⑭3目重ねて完成

表から裏へ
2枚の間を通す
⑪ここから
スタート
⑬⑪の3目に重ねて刺す

ダンス

13 ページ

糸：Kazu　オレンジグレイ系

＊方眼の1マスは全て1cm

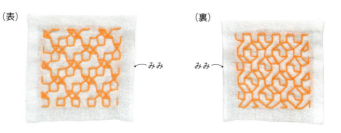

右上角の3目下から外枠を一周してから枠内を刺します
右から左へ刺していき、横方向を刺し終えたら
縦方向へ刺していきます

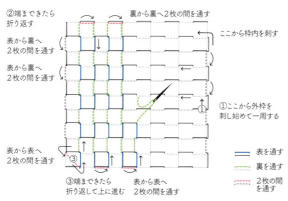

角まできたら対角に向かって斜めに進みます

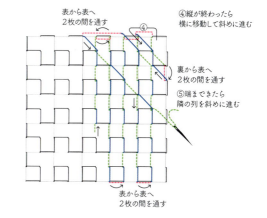

角まできたら折り返して進むを繰り返します
一方向を刺し終えたら外枠に重ねてとめます

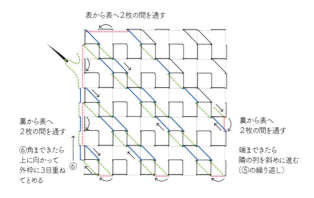

右下角から斜めに刺していきます
全ての斜めを刺し終えたら完成です

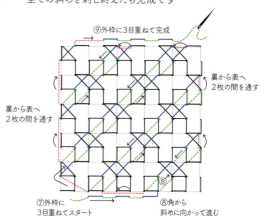

風車

14 ページ

糸：小鳥屋　紺（2）

＊方眼の1マスは全て1cm

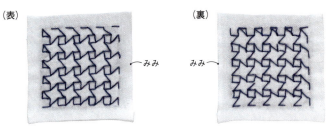

 右上角の3目下から外枠を一周してから枠内を刺します
右から左へ刺していき、横方向を刺し終えたら
縦方向へ刺していきます

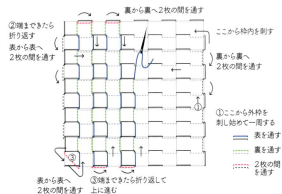

 角まできたら対角に向かって斜めに進みます

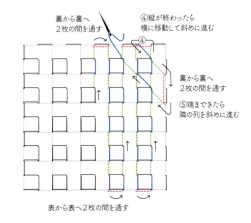

 角まできたら折り返して進むを繰り返します
一方向を刺し終えたら枠に重ねてとめます

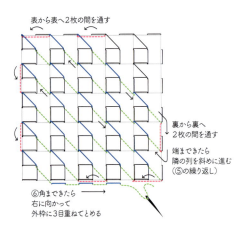

 右下角から斜めに刺していきます
全ての斜めを刺し終えたら完成です

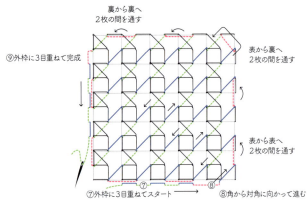

52

紙風船

15 ページ

糸：飛騨さしこ　パステルカラー（202）

＊方眼の1マスは全て1cm

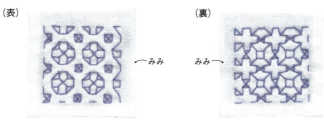

右上角の3目下から外枠を一周してから枠内を刺します
右から左へ刺していき、横方向を刺し終えたら
縦方向へ刺していきます

角まできたら対角に向かって斜めに進みます

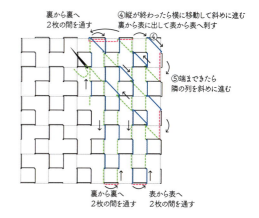

角まできたら折り返して進むを繰り返します
一方向を刺し終えたら外枠に重ねてとめます

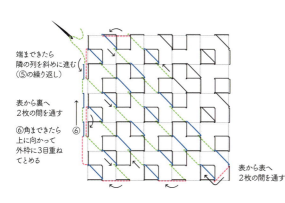

右下角から斜めに刺していきます
全ての斜めを刺し終えたら完成です

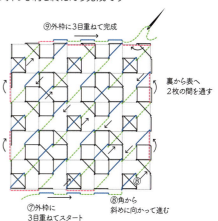

水玉

16ページ

糸：Kazu　黄色グレイ系

＊方眼の1マスは全て1cm

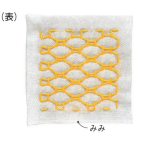（表）

（裏）

※完成写真に対して左に90度回転した状態で刺します
右上角の3目下から外枠を一周してから枠内を刺します
右から左へ刺していき、端まできたら折り返します

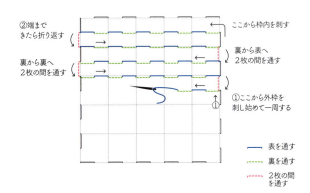

横方向を全部刺したら斜めに進み、
針を糸と布の間にくぐらせます

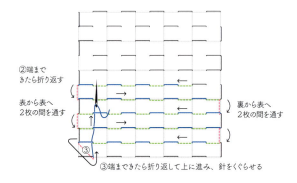

数回ほどくぐらせたら糸を軽く引きます
このとき、引っぱりすぎないように注意します
糸を足す場合は、端にきたときに枠に重ねます

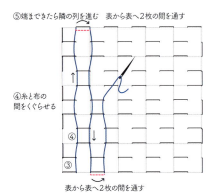

端まできたら折り返して進むを繰り返し、
最後まできたら外枠に重ねて完成です

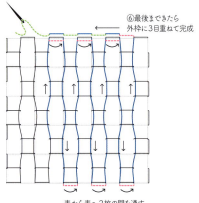

つるバラ

17ページ

糸：飛騨さしこ　赤白グラデーション（203）

＊方眼の1マスは全て1cm

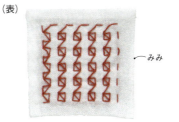
（表）

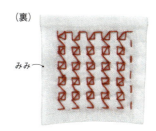
（裏）　みみ

① 右上角の3目下から外枠を一周してから枠内を刺します
右から左へ刺していき、横方向を刺し終えたら縦方向へ刺していきます

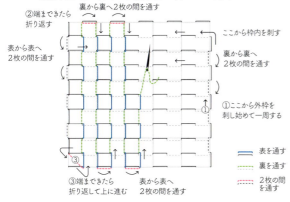

② 角までできたら対角に向かって斜めに進みます

③ 角までできたら折り返して進むを繰り返します
一方向を刺し終えたら外枠に重ねてとめます

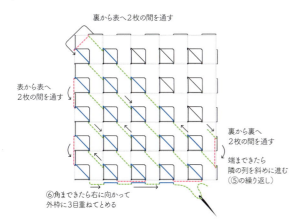

④ 左上角から斜めに刺していきます
全ての斜めを刺し終えたら完成です

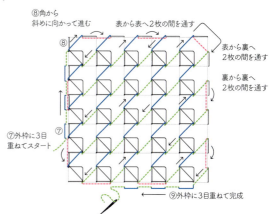

ボタン

18ページ

糸：Kazu　えんじ青系

＊方眼の1マスは全て1cm

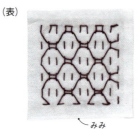

※完成写真に対して左に90度回転した状態で刺します
右上角の3目下から外枠を一周してから枠内を刺します
右から左へ刺していき、端まできたら折り返します

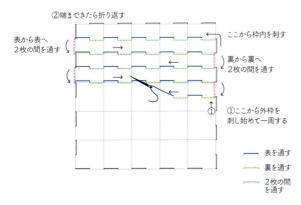

横を全部刺し終えたら斜めに進み、針を糸と布の間に
くぐらせます

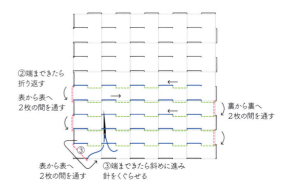

4回ほどくぐらせたら糸を軽く引きます
このとき、引っぱりすぎないように注意します
糸を足す場合は、端にきたときに枠に重ねます

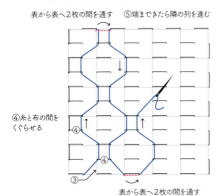

端まできたら折り返して進むを繰り返し、
最後まできたら枠に重ねて完成です

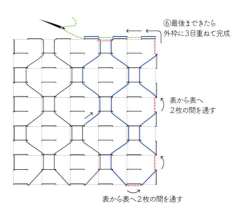

キャンディ

19 ページ

糸：Kazu　パステル系

＊方眼の1マスは全て1cm

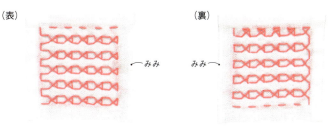

右上角の3目下から外枠を一周してから枠内を刺します
右から左へ刺していき、横方向を刺し終えたら
縦方向を刺していきます

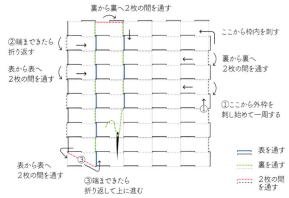

角までできたら対角に向かって斜めに進みます

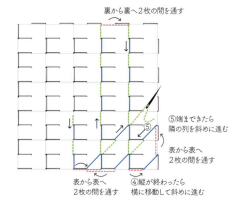

角までできたら折り返して進むを繰り返します
一方向を刺し終えたら外枠に重ねてとめます

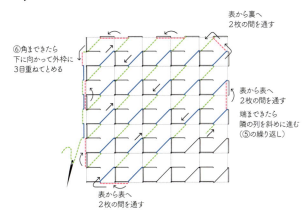

左下角から斜めに刺していきます
全ての斜めを刺し終えたら完成です

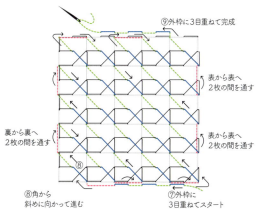

時 計

20 ページ

糸：Kazu　水色緑系

＊方眼の1マスは全て1cm

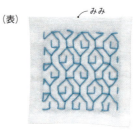
（表）　みみ

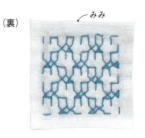
（裏）　みみ

① ※完成写真に対して左に90度回転した状態で刺します
右上角の3目下から外枠を一周してから枠内を刺します
右から左へ刺していき、横方向を刺し終えたら
縦方向へ刺していきます

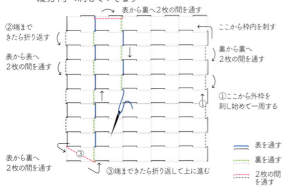

② 角まできたら対角に向かって斜めに進みます

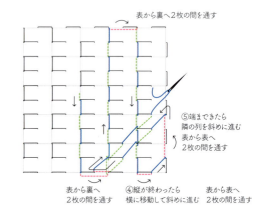

③ 角まできたら折り返して進むを繰り返します
一方向を刺し終えたら外枠に重ねてとめます

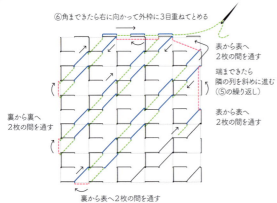

④ 左下角から斜めに刺していきます
全ての斜めを刺し終えたら完成です

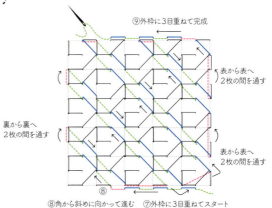

街並み

21ページ

糸：小鳥屋　花紺（23）

＊方眼の1マスは全て1cm

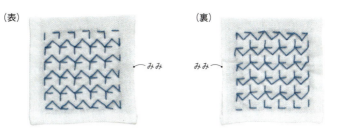

 右上角の4目下から外枠を一周してから枠内を刺します
右から左へ刺していき、横方向を刺し終えたら
縦方向を刺していきます

 角まできたら対角に向かって斜めに進みます

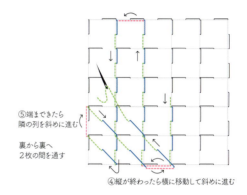

 角まできたら折り返して進むを繰り返します
一方向を刺し終えたら外枠に重ねてとめます

 右下角から斜めに刺していきます
全ての斜めを刺し終えたら完成です

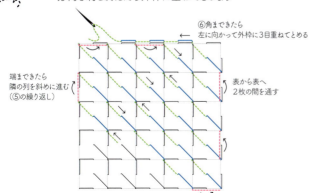

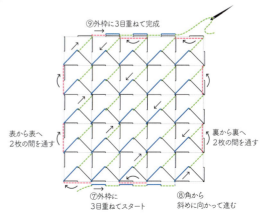

あさがお

22 ページ

糸：Kazu　ピンクグレイ系

＊方眼の1マスは全て1cm

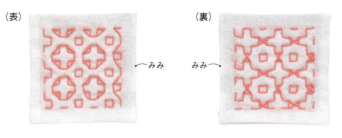

右上角の3目下から外枠を一周してから枠内を刺します
右から左へ刺していき、
横方向を刺し終えたら縦方向へ刺していきます

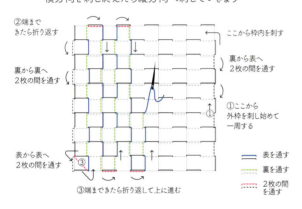

②端まできたら折り返す

ここから枠内を刺す

裏から裏へ
2枚の間を通す

裏から表へ
2枚の間を通す

①ここから
外枠を刺し始めて
一周する

表から表へ
2枚の間を通す

③端まできたら折り返して上に進む

表を通す
裏を通す
2枚の間を通す

角まできたら対角に向かって斜めに進みます

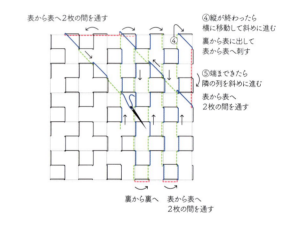

表から表へ2枚の間を通す

④縦が終わったら
横に移動して斜めに進む
裏から表に出して
表から表へ刺す

⑤端まできたら
隣の列を斜めに進む

表から表へ
2枚の間を通す

裏から裏へ　表から表へ
　　　　　　2枚の間を通す

角まできたら折り返して進むを繰り返します
一方向を刺し終えたら外枠に重ねてとめます

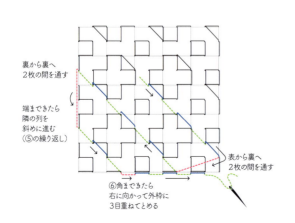

裏から裏へ
2枚の間を通す

端まできたら
隣の列を
斜めに進む
（⑤の繰り返し）

表から裏へ
2枚の間を通す

⑥角まできたら
右に向かって外枠に
3目重ねてとめる

右下角から斜めに刺していきます
全ての斜めを刺し終えたら完成です

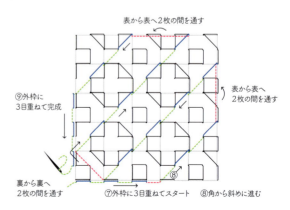

表から表へ2枚の間を通す

⑨外枠に
3目重ねて完成

表から表へ
2枚の間を通す

裏から裏へ
2枚の間を通す

⑦外枠に3目重ねてスタート　⑧角から斜めに進む

すべり止め

23ページ

糸：コロン　青（16）

＊方眼の1マスは全て1cm

（表）　みみ→

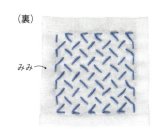
（裏）　みみ→

① 右上角の4目下から外枠を一周してから枠内を刺します

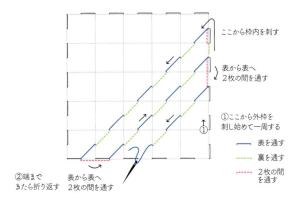

ここから枠内を刺す
表から表へ2枚の間を通す
①ここから外枠を刺し始めて一周する
②端まできたら折り返す
表から表へ2枚の間を通す

- 青実線：表を通す
- 緑点線：裏を通す
- 赤点線：2枚の間を通す

② 角まできたら対角に向かって斜めに進みます

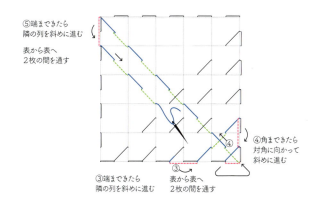

⑤端まできたら隣の列を斜めに進む
表から表へ2枚の間を通す
④角まできたら対角に向かって斜めに進む
③端まできたら隣の列を斜めに進む
表から表へ2枚の間を通す

③ 角まできたら折り返して進むを繰り返します

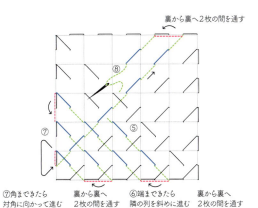

裏から裏へ2枚の間を通す
⑦角まできたら対角に向かって進む
裏から裏へ2枚の間を通す
⑥端まできたら隣の列を斜めに進む（③④の繰り返し）
裏から裏へ2枚の間を通す

④ 全ての斜めを刺し終えたら完成です

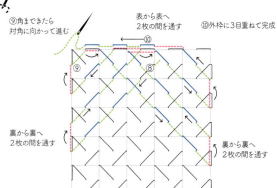

⑨角まできたら対角に向かって進む
表から表へ2枚の間を通す
⑩外枠に3目重ねて完成
裏から裏へ2枚の間を通す
裏から裏へ2枚の間を通す

バ ラ

24ページ

糸：飛騨さしこ　黒（14）

＊方眼の1マスは全て1cm

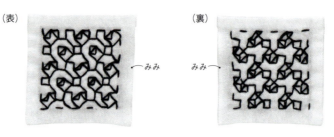

右上角の3目下から外枠を一周してから枠内を刺します
右から左へ刺していき、横方向を刺し終えたら
縦方向を刺していきます

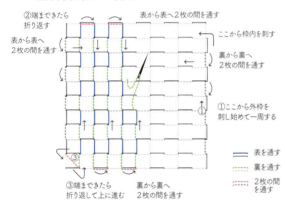

角まできたら対角に向かって斜めに進みます

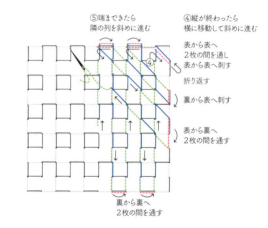

角まできたら折り返して進むを繰り返します
一方向を刺し終えたら外枠に重ねてとめます

左上角から斜めに刺していきます
全ての斜めを刺し終えたら完成です

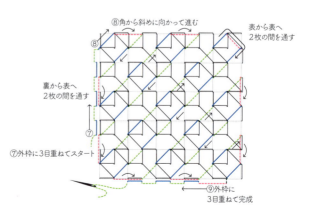

なみなみ

25 ページ

糸：Kazu　黄緑色ブルーグリーン系

＊方眼の1マスは全て1cm

（表）
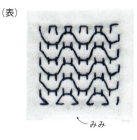
みみ

（裏）
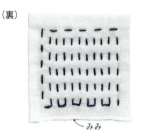
みみ

※完成写真に対して左に90度回転した状態で刺します
右上角の3目下から外枠を一周してから枠内を刺します
右から左へ刺していき、端まできたら折り返します

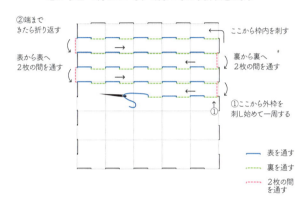

横方向を全部刺したら斜めに進み、
針を糸と布の間にくぐらせます

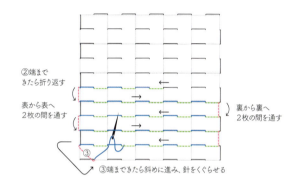

数回ほどくぐらせたら糸を軽く引きます
このとき、引っぱりすぎないように注意します
糸を足す場合は、端にきたときに枠に重ねます

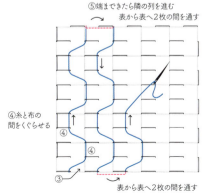

端まできたら折り返して進むを繰り返し、
最後まできたら外枠に重ねて完成です

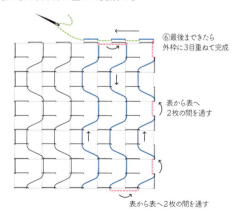

編み目

26 ページ

糸：小鳥屋　黄色系ぼかし

＊方眼の1マスは全て1cm

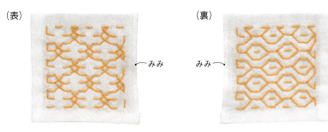

（表）　　（裏）　　みみ

右上角の3目下から外枠を一周してから枠内を刺します
右から左へ刺していき、端まできたら折り返します

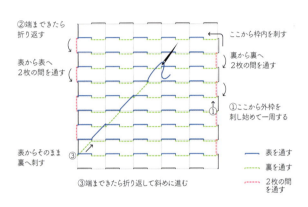

角まできたら対角に向かって斜めに進みます

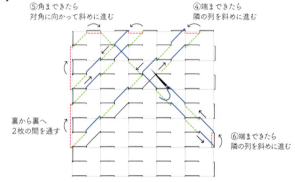

角まできたら折り返して進むを繰り返します

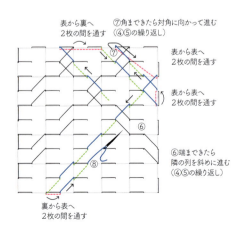

全ての斜めを刺し終えたら完成です

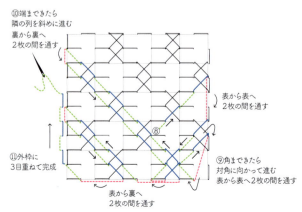

蛇口

27ページ

糸：小鳥屋　紺（2）

＊方眼の1マスは全て1cm

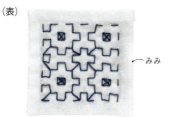（表）

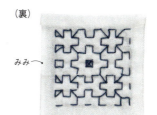（裏）

←みみ　みみ→

 ①
右上角の3目下から外枠を一周してから枠内を刺します
右から左へ刺していき、
横方向を刺し終えたら縦方向へ刺していきます

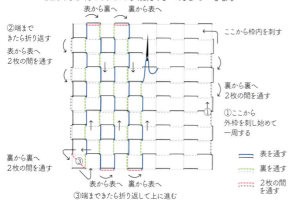

 ②
角までできたら対角に向かって斜めに進みます

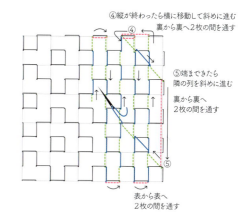

 ③
角までできたら折り返して進むを繰り返します
一方向を刺し終えたら外枠に重ねてとめます

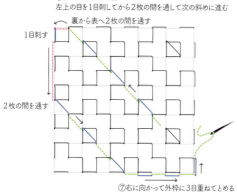

 ④
右下角から斜めに刺していきます
全ての斜めを刺し終えたら完成です

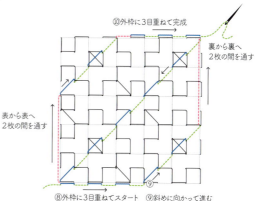

こけし

28 ページ

糸：小鳥屋　紺（2）

＊方眼の1マスは全て1cm

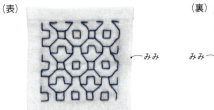（表）

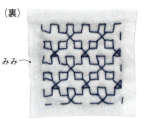（裏）　みみ

 ①　右上角の3目下から外枠を一周してから枠内を刺します
右から左へ刺していき、横方向を刺し終えたら縦方向へ刺していきます

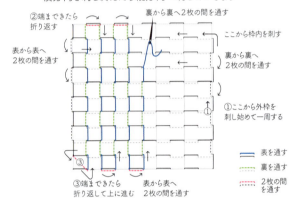

②端まできたら折り返す
裏から裏へ2枚の間を通す
ここから枠内を刺す
表から表へ2枚の間を通す
裏から裏へ2枚の間を通す
①ここから外枠を刺し始めて一周する
③端まできたら折り返して上に進む
表から表へ2枚の間を通す

― 表を通す
--- 裏を通す
--- 2枚の間を通す

 ②　角まできたら対角に向かって斜めに進みます

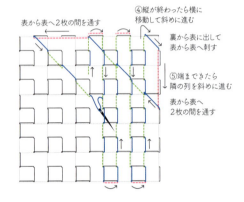

表から表へ2枚の間を通す
④縦が終わったら横に移動して斜めに進む
裏から表に出して表から表へ刺す
⑤端まできたら隣の列を斜めに進む
表から表へ2枚の間を通す

 ③　角まできたら折り返して進むを繰り返します
一方向を刺し終えたら外枠に重ねてとめます

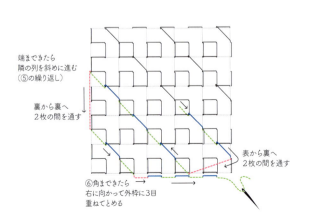

端まできたら隣の列を斜めに進む（⑤の繰り返し）
裏から裏へ2枚の間を通す
表から裏へ2枚の間を通す
⑥角まできたら右に向かって外枠に3目重ねてとめる

 ④　左上角から斜めに刺していきます
全ての斜めを刺し終えたら完成です

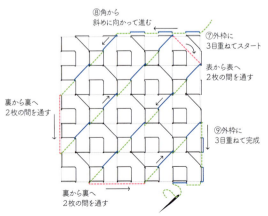

⑧角から斜めに向かって進む
⑦外枠に3目重ねてスタート
表から表へ2枚の間を通す
裏から裏へ2枚の間を通す
⑨外枠に3目重ねて完成

ホークス

29ページ

糸：Kazu　赤青系

＊方眼の1マスは全て1cm

（表）

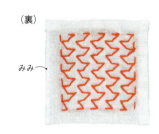（裏）

→みみ

 右上角の3目下から外枠を一周してから枠内を刺します
右から左へ刺していき、端まできたら折り返します

 角まできたら対角に向かって斜めに進みます

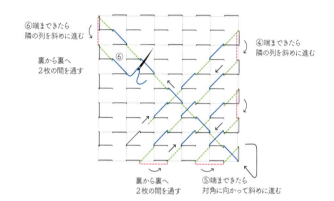

 角まできたら折り返して進むを繰り返します

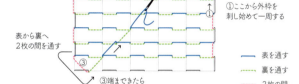

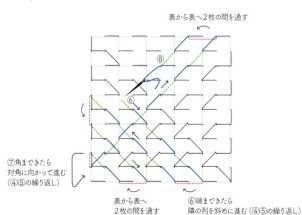

全ての斜めを刺し終えたら完成です

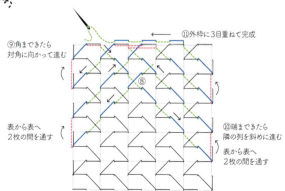

パズル

30 ページ

糸：小鳥屋　花紺（23）

＊方眼の1マスは全て1cm

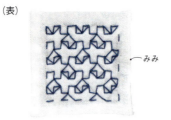
（表）

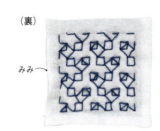
（裏）

みみ

① 右上角の3目下から外枠を一周してから枠内を刺します
右から左へ刺していき、横方向を刺し終えたら
縦方向を刺していきます

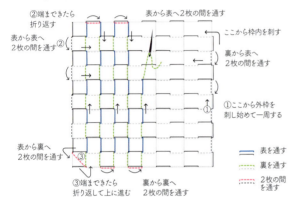

②端までできたら折り返す
表から表へ2枚の間を通す②
表から表へ2枚の間を通す
表から表へ2枚の間を通す
①ここから外枠を刺し始めて一周する
ここから枠内を刺す
裏から表へ2枚の間を通す
表から裏へ2枚の間を通す
③端までできたら折り返して上に進む
裏から裏へ2枚の間を通す
表を通す
裏を通す
2枚の間を通す

② 角まできたら対角に向かって斜めに進みます

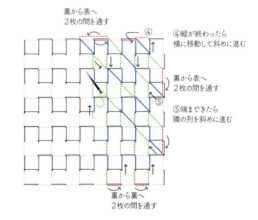

裏から表へ2枚の間を通す
④縦が終わったら横に移動して斜めに進む
裏から表へ2枚の間を通す
⑤端までできたら隣の列を斜めに進む
裏から表へ2枚の間を通す

③ 角まできたら折り返して進むを繰り返します
一方向を刺し終えたら外枠に重ねてとめます

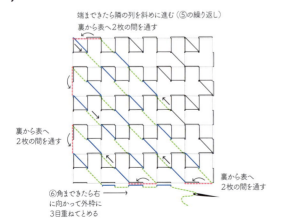

端までできたら隣の列を斜めに進む（⑤の繰り返し）
裏から表へ2枚の間を通す
裏から表へ2枚の間を通す
裏から表へ2枚の間を通す
⑥角まできたら右に向かって外枠に3目重ねてとめる

④ 左上角から斜めに刺していきます
全ての斜めを刺し終えたら完成です

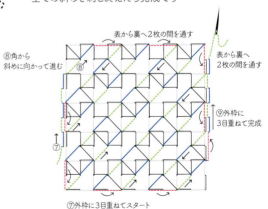

表から裏へ2枚の間を通す
表から裏へ2枚の間を通す
⑧角から斜めに向かって進む
⑨外枠に3目重ねて完成
⑦外枠に3目重ねてスタート

モスク

31 ページ

糸：ダルマ家庭糸＜太口＞ 黒

＊方眼の1マスは全て1cm

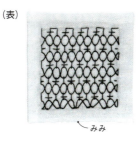
（表）

（裏）

※完成写真に対して左に90度回転した状態で刺します
右上角の3目下から外枠を一周してから枠内を刺します
右から左へ刺していき、端まできたら折り返します

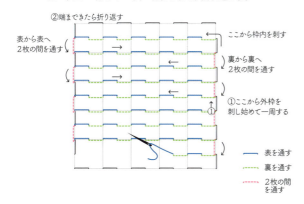

横を全部刺し終えたら縦に進み、端まできたら折り返して
糸と布の間にくぐらせながら進みます

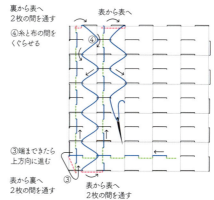

糸と布の間にくぐらせるのと、「プラス」に刺すのを繰り返します
くぐらせる段階で糸を足す場合は、端にきたときに枠に重ねます

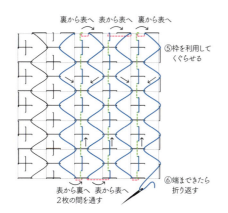

端まできたら折り返して進むを繰り返し、
最後まできたら枠に重ねて完成です

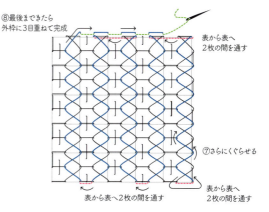

柵

32 ページ

糸：Kazu　青茶系

＊方眼の1マスは全て1cm

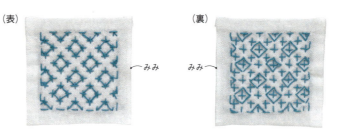
（表）　（裏）　みみ

右上角の3目下から外枠を一周してから枠内を刺します
右から左へ刺していき、横方向を刺し終えたら
縦方向を刺していきます

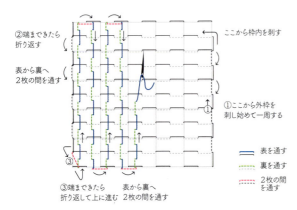

②端まできたら折り返す
表から裏へ2枚の間を通す
①ここから外枠を刺し始めて一周する
ここから枠内を刺す
③端まできたら折り返して上に進む
表から裏へ2枚の間を通す

表を通す
裏を通す
2枚の間を通す

角まできたら対角に向かって斜めに進みます

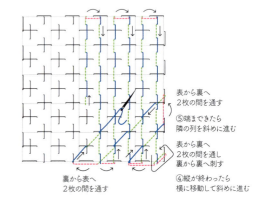

表から裏へ2枚の間を通す
⑤端まできたら隣の列を斜めに進む
表から裏へ2枚の間を通し裏から裏へ刺す
④縦が終わったら横に移動して斜めに進む
裏から表へ2枚の間を通す

角まできたら折り返して進むを繰り返します
一方向を刺し終えたら外枠に重ねてとめます

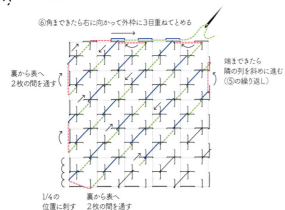

⑥角まできたら右に向かって外枠に3目重ねてとめる
裏から表へ2枚の間を通す
端まできたら隣の列を斜めに進む（⑤の繰り返し）
1/4の位置に刺す
裏から表へ2枚の間を通す

左下角から斜めに刺していきます
全ての斜めを刺し終えたら完成です

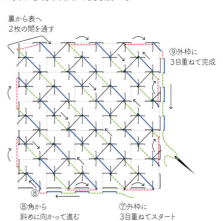

裏から表へ2枚の間を通す
⑨外枠に3目重ねて完成
⑧角から斜めに向かって進む
⑦外枠に3目重ねてスタート

ハート

33ページ

糸：小鳥屋　赤（24）

＊方眼の1マスは全て1cm

（表）みみ

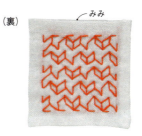
（裏）みみ

①
※完成写真に対して右に90度回転した状態で刺します
右上角の3目下から外枠を一周してから枠内を刺します
右から左へ刺していき、端まできたら折り返します

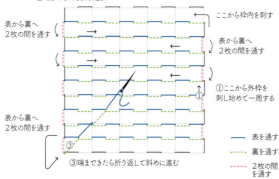

② 角まできたら対角に向かって斜めに進みます

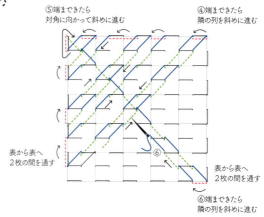

③ 角まできたら折り返して進むを繰り返します

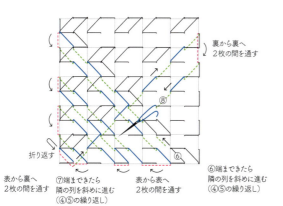

④ 全ての斜めを刺し終えたら完成です

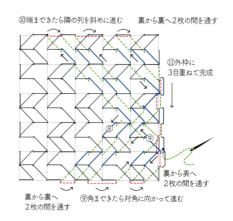

安蒜綾子（あんびるあやこ）
2014年から刺し子のワークショップを開催。
新しい図案を模索しながら、
一目刺しのふきんを600枚以上刺してきた経験をもとに、
刺し子の疑問を解決してちくちく楽しむお手伝いをしている。
http://ayakonosashiko.wixsite.com/home

ブックデザイン◦後藤美奈子
撮影◦中村あかね
プロセス撮影◦岡 利恵子（本社写真編集室）
スタイリング◦小池梨江（jokogumo）
イラスト◦藤木俊大（PEAK STUDIO） 大金 貫
校閲◦滄流社
編集◦小柳良子

一目刺しの刺し子のふきん

著者　安蒜綾子
編集人　石田由美
発行人　永田智之
発行所　株式会社 主婦と生活社
　　　　〒104-8357 東京都中央区京橋 3-5-7
　　　　http://www.shufu.co.jp/
　　　　編集部　☎ 03-3563-5361　FAX 03-3563-0528
　　　　販売部　☎ 03-3563-5121
　　　　広告部　☎ 03-3563-5131
　　　　生産部　☎ 03-3563-5125
製版所　東京カラーフォト・プロセス株式会社
印刷所　凸版印刷株式会社
製本所　共同製本株式会社

©AYAKO AMBIRU　2018　Printed in Japan
ISBN978-4-391-15151-0

Ⓡ 本書を無断で複写複製（電子化を含む）することは、著作権法上の例外を除き、禁じられています。
本書をコピーされる場合は、事前に日本複製権センター（JRRC）の許諾を受けてください。
また、本誌を代行業者等の第三者に依頼してスキャンやデジタル化をすることは、
たとえ個人や家庭内の利用であっても一切認められておりません。
JRRC（ https://jrrc.or.jp　eメール：jrrc_info@jrrc.or.jp　Tel. 03-3401-2382）

＊十分に気をつけながら造本していますが、万一、乱丁、落丁の場合は、
お買い求めになった書店か小社生産部へご連絡ください。お取り替えいたします。

＊本書掲載作品の商業的使用はご遠慮ください。

〈この本でご協力いただいた会社〉

有限会社小鳥屋商店
〒506-0846　岐阜県高山市上三之町5番地
電話 0577-34-0738
http://takayamaodoriya.web.fc2.com/index.html

染織アトリエ Kazu
〒047-0031　北海道小樽市色内 1-10-23
電話：0134-22-8544
http://www.at-kazu.com/index.html

株式会社コロン製絲
〒452-0821　愛知県名古屋市西区上小田井2丁目14番
電話：052-502-1654

有限会社飛騨さしこ
〒506-0847　岐阜県高山市片原町60
電話：0577-34-5345
http://sashiko.shop-pro.jp

株式会社ホビーラホビーレ
〒140-0014　東京都品川区大井一丁目24番5号 大井町センタービル5階
電話：0570-037-030
https://www.hobbyra-hobbyre.com

横田株式会社
〒541-0058　大阪府大阪市中央区南久宝寺町2-5-14
電話：06-6251-2183
http://www.daruma-ito.co.jp